바위는 사랑하지 않는다

바위는
사랑하지
않는다

金 숲 (수영) 제5시집

도서출판 천우

● 自序

빨간 자전거를 타고 나가면
사람들이 가끔 물어요. 올해 연세가…하고.
동네 뒷산에 해 안 뜬대도 나는 웃지요.
또 묻는 의도도 나는 조금 알거든요.
–천천히 가는 것이 천천히 가는 거여.
–빨리 가는 것은 빨리 가는 거여.
알 듯 말 듯한 선문답禪門答을 혼자 중얼대며 천천히
나는 오늘도 페달을 밟습니다.

金 숲

제1부

숲 이야기

● 自序

제2부

귀거래사歸去來辭

제3부

바위는 사랑하지 않는다

제4부

저문 일기

제5부

똥섬에는 낙조가 있다

제1부

숲 이야기

숲 이야기

숲에 들면 힐링이 된다지요
안구 정화도 되지마는 자기 정화도 되나 봐요
높은 집
낮은 집이 안 보이고요
높은 의자
낮은 의자도 안 보여요
젊은이
늙은이도 안 보이고요
입은 이
벗은 이도 잘 안 보여요
햄스터 커녕
돼지도 안 보여요
숲에는 나무와 풀밖에 없어요
가끔 길목을 지키는 산토끼가 보이구요
크게 웃는 이름 모를 꽃들이 보이지요
그 숲엔 나도 녹아 있어요

수녀원 텃밭에는

수녀원 텃밭에는
가지가 없다 하하

수녀원 텃밭에는
고추는 있다 하하

수녀님 식탁에는
가지나물이 없다 하하

수녀님 식탁에는
파란 고추는 있다 하하

수녀님 기도 안에는
예수님만 있다 하하

수녀님 꿈속에는
천당만 있다 하하
찬송만 있다 하하 하하

산이 있어 물이 있어

안개가 내려왔는지
커튼 열고 창가에 나서면
굼실대며 기어오르는 산이
사람을 부릅니다 혹 그리움은 있을지 몰라도
산이 있어 배부릅니다 혹 그럴 때가 있을진 몰라도
산 밑으로 쏟아지는 푸른 바람이 있어 다 잊습니다

지친 하루를 이끌고 집으로 돌아오노라면
돌돌돌 흐르는 실개천에서 나만큼이나 발버둥 치는 어린
물고기들을 보며 또 한시름 잊습니다

안개가 내려왔는지 커피잔 들고 다시 창가에 나서면
안개는 없고 꿈틀대는 산이 여전히 사람을 부릅니다
혹 남은 그리움은 있을지라도
산이 있어
물이 있어
나는 오늘도 배고프지 않습니다

혼자 걸으면

혼자 걸으면
울음이 나는
강이 있습니다

당신이 걸으면
뽀얀 무지개 서는
거리도 있습니다

강이 좋아
자꾸
강가에 서면

훌쩍훌쩍
울음이 타는
강이 있습니다

봄꽃

낮에도 떠나려다 길을
멈춘다 그리운 이가
있다는 것은 얼마나
좋은 일인가 가슴 설렘이
여하히 피를 역동 시켜
묻힌 젊음을 펴 올릴
것이냐 사흘 지나
오늘은 감기몸살로
몸져누웠다 산으로 올라간
그리움은 산도
벌겋게 태우는
봄꽃이 되었구나

엄마와 아가

엄마가 유모차를 밀고
낮은 오르막을 올라오고 있다
두 팔에 힘이 잔뜩 든 것을 보면
아기가 무거운가
유모차가 무거운가
달려가서 밀어주고 싶다

이른 아침
내다본 창가에는
한 인생이
한 인생을 밀어주고 있었다

바람 1

하늘하늘 골목에서 탄생한 아가씨는
유월의 장미인가 하여
그 시간
그 길이 축복이라 여겼더니

돌아와 다시 보니
골목에는 그새
한 줄기 바람과
검은 실루엣의 노파뿐

정녕 우리게
아가씨는
바람이었던 것

별과 나

벼린 초승달이
어둠을 깎으면

독도처럼 독도만큼
생애 외로움도
삶을 깎는 저녁 머리

재 너머 별 하나이
사위어 갈 때쯤 또 한 별이
슬그머니 고개를 든다
들며 나며 하늘 살림도 바쁜
허리 긴 동짓달

파르라니 곁을 지키는 건
220촉 등잔이 하나

이거 웃깁니까?

어떤 할멈이 빨래를 하려다
갈아입을 옷은 세탁기에 넣고
한참 뒤에야 입었던 옷을
그냥 입고 있는 것을 보았답니다
이거 웃깁니까?

어제 나도 비슷한 일을 겪었는데
하루 지난 지금은 전혀 기억이 안 납니다
두 번 세 번을 들락날락해서야
밖에서 하려던 일을 할 수 있었던 적도 있고요

혹 방금 지나간 사람이 내가
그토록 찾았던 사람은 아니었습니까?
동태눈처럼 흐리게 뜨고 멀뚱멀뚱 쳐다만 보았다면
이거 나도 웃기지 않습니까?

종당에는 다 내려놓고 다 벗어놓고 갈 것입니다
세상에 나란 존재는 없었던 것입니다

저 집에 불 났구랴!
실은 내 집인지 뉘 집인지도 나는 모르고
워낙 벗고 사는 여름이라 어떤 불인지도 나는 모릅니다
이거 정말 웃깁니까?

잠이 없었던 일 말고는

그리 잠이 오지 않던 밤이었습니다
바깥은 저리 춥고 눈까지 내렸는데도
이불 꽁꽁 싸매고 창문 처닫고 잤더니
그리 춥지는 않았습니다

서너 차례나 화장실을 드나들며
잠이란 잠은 모두 날려버렸던 밤이었습니다
그래도 밝은 해를 보면서 이튿날엔
눈을 뜰 수 있었던 것은
정신없는 토막잠이 술 취한 듯 잠시라도
내려앉았다 떠났기 때문입니다

그리도 잠이 오지 않았던 밤
와야 할 소식을 기다리면서
대문만은 활짝 크게 열어 놓았더랬습니다

아무 일도 밤사이에는
일어나지 않았습니다 내게
잠이 없었던 일 말고는

꽃기린

잎이 몇 개 꽃이 몇 개
마른 잎도 몇 개
해마다 오는 꽃기린의 겨울나기

죽었나 바라보면 죽은 듯 기다리고
죽었구나 쳐다보면 여전히 겨울이 춥고

어느새 봄 들면
빨간 것 하나 파란 것 하나
쏜살같이 피고 나고
꽃이 무거운 꽃기린 잎이 고운 꽃기린

지금 다시 꽃 지고 잎 지는
겨울나기 중인 꽃기린

가을맞이

새벽 주행을 다녔던 여름도 짧다
녹아내리는 아이스크림 같은 게 싫어
이마에는 램프 달고 꽁무니엔 등을 달아
강 따라, 잉어 떼 슝슝 수면을 박차고 도약하는
금호강 따라서 보냈던 여름 새벽이
몇 차례 태풍이 거쳐 가고
구름까지 며칠 창문을 가리우나 했더니
누리 가득 들어찬 처서處暑 바람이 하늘에서 내려오네
무성하던 때까치 울음 오늘따라 야위어 가고
머언 산빛도 청처짐하게 시들어간다 이제는 하늘 봐서
한낮으로 달려야 할 때인 것 같다 갖춰놓은 새 옷 입고
가을 색깔에 맞는 알락달락함으로 달려야 할 때인가 보다

레일을 넘어서는 기차 소리
어느덧 심장을 깨운다

장독과 뚜껑

장독을 씻어 말리려 햇빛 밝은 베란다에
창문 열고 두었더니 밤새도 가만히
맵시를 뽐내고 있다
넌 예술이야 하고 감탄할 새
빼빼 마른 손등이 장독을 문지른다
요즘엔 통 보이지 않으시던 수십 년 전 할머니가
장독을 내놓자 댓바람에 앞치마 둘러 입고
쫓아오신 거다
할매손이 약손인가 하였더니
앙상한 손등 보니
부자손이 할매손이었다 싶다
베란다의 장독과 뚜껑이
오랜 아파트 생활 중에도
깨뜨리지 않고 남아 어느 아침을
이렇듯 설레게 한다

몽중한夢中閑

어제에 이어
오늘도 나는 북한산에서
수많은 길을 걸었다
찾아가는 길은 하나지만
어디에도 내 길은 없었다
결국 서쪽일 것이라는
이 외로운 믿음

아아 나는 내 길을 알면서도
오봉五峯에도 앉고 백운대白雲臺도 앉아
바위가 되려 한다
훗날 삼천갑자三千甲子를 지나고
누군가 데려가려 할 때
장대한 크레인을 사용한들
나를 이길 수야 있겠나
산을 이겼다는 기록은
어느 신화에도 찾을 수 없으니

이 한 편의 시를 쓰고
낭독까지 하고 나니 어느덧
새벽이 깬다 그것도
꿈이었다

새벽에는 새벽의 언어가 있다

손수레에 실린 것이
걷어온 골목의 무게인가?
거대한 어둠의 무게인가?
발등 한 번 보고
한 걸음 내딛고
발등 한 번 보고
또 한 걸음 내딛고
쇠똥구리 경단보다
산만큼 무거운 짐이 뚜벅뚜벅
마을을 나서고 있다
벌써 했능 게?
새벽을 깨우는 김 서린 온기
야
새벽에는 새벽 사람의 언어가 있다
오토바이 꽁무니에 실린
파란색 우유 상자가 위태롭게 비켜선다
먼 산 숲에서는 산을 깨우는 언어가 또 하나
쑥덕쑥덕
흐르고

시간의 꽁무니

바쁘다며 양치질 않고 나가는 손자에게 할아버지는 말한다
–시간은 항상 남는 것이란다 조금 늦어도 그건 늦은 게 아니란다
할아버지가 일찍 잠자리에 들면서도 컴퓨터 앞에 앉아 있는 손자에게 같은 말을 한다
–봐라 나는 자고 너는 아직 컴퓨터를 하지 않니 밀린 시간도 나중에는 꽁무니가 남고 그렇지 않은 시간도 꽁무니는 항시 있는 것이란다 컴퓨터 앞에 앉은 너나 이불 펴고 잠자리에 든 나나 모두는 둥글둥글한 시간의 꽁무니를 쓰고 있는 것이란다
노련한 할아버지의 말씀도 손자는 미처 알아듣지 못하고 내일 또 바빠질 시간을 야금야금 쓰고 있는 중이다

산야초 엽서

허겁지겁 산에 올라 지난여름
구르고 내리며 찍은 산야초 사진
비도 몇 번
태풍도 한두 차례 거친 늦가을에야
한 줄 소식 적어
대전으로 서울로 인사하러 사진을 고른다
그 햇볕과
그 무더움과
상처가 훈장이 된
구르고 내림은 나도 잊었는데
사진으로야 어찌 알기나 할까?
여름도 아름다웠으니
이 계절도 산야초만큼 아름다우라고
천 리 먼 그리움 담아
산야초 사진을 띄운다

단풍丹楓

애썼네
드디어 불타네
온 세상이 붉네

여름 볕에 그을려 탔는가?
아니네

가을 서리에 분개해서 탔는가?
아니네

하늘로 올라갈 채비로
목욕하고 새 옷 갈아입은 걸세

여름 푸르고
봄내 붉더니
또 한 차례 산야는
피 토하듯 잔치네

단풍
사태 나네

제2부

귀거래사歸去來辭

팔조령* 여백餘白

휴게소는 문을 닫고
한 사람 쉬고 있던 차도
전화를 받더니 떠난다

아무도 없는 정자에 앉아
유래 없이 혼자 쉬어본다
높고 낮은 새소리만
풀숲에서 우거지고
추수할 채비에 바쁜 들판이
가을빛을 더하고 있다
돌아가 추수할 일이 있다면
함께 추수 준비를 해야지

오랜만에 올라와 본 팔조령이
어제인 듯 그립고
오늘이라 새롭다

겨우 올라온 차가
정자를 그저 못 지나서 멈춘다

* 팔조령 : 대구 달성군과 청도 이서면을 경계 짓는 고갯마루.

여정旅程

아빠는 멜빵을 걸어
가슴으로 사내애를 안고
엄마는 둥그렇게 손을 둘러
뱃속에다 둘째를 안고

햇볕이 타는
길가 정류장

어디까지 가는 걸까
언제까지 기다릴까

산굽이도 아늘아늘
아지랑이에 녹는 한낮

나목裸木

꽃 없으면
봄에는 풀도
나무도 아니다

하얗게
노랗게
크게
빨갛게

한겨울도 지나서
한시절도 다 지나
여기
나목裸木 한 그루

봉황대鳳凰臺를 지나며

어느 도시 어느 고을이
세월이 덜할까마는
역사 속 천년고도千年古都를
우산 없이 걷는다

서봉총瑞鳳冢 지나 금관총金冠冢
금관총 앞이 봉황대鳳凰臺다
금관총 앞에는 짜드라 웃는
간지럼 탄 꽃들이 야무지다

무덤 안고 누운 이야 말이 없지만
서 있는 자야 옆에서 물을 게 많다
오늘 신문이라도 한 장 펼쳐놓고
빨갛게 밑줄 그으며
대답을 듣고 싶다

비는 궂게 고도를 적시고
늙은 팽나무는 다시
천년 향해 봉황대를
걸음걸음 오르고 있다

귀거래사歸去來辭

나도 그런 생각은 했지요
바람 한 칸 주고 달 한 칸 주고
내 한 칸 차지하고

십 년을 경영하여 집을 짓고
다시 십 년을 기다려 집을 꾸미면
내 삶도 어언
구름에 닿아 있을 거라고

산 밑에다 큰길가에다
어깨 부딪는 사람들 옆에다
새집을 구했어요

바람
구름
달이
다 있지만요
전화 한 통이면 우루루 둘러앉는
어릴 적 친구들이 있지요

거기에 예전 얘기 한두 가지면
웃음이야 절로겠지요

김광석 다시 생각하기

살아서 듣지 못한 사람아
듣고서 그리운 청년아

골목길 옹벽에다
두어 마디 적어놓고 오는 냇가에는
한 무리 물오리들이 추워도 아랑곳 않고
몸을 처박으며 먹이를 건지고
동그랗게 원을 그리며 떠다니고 있었다
누가 길러다 풀어놓은 것이 아니라면
내 생각에는 생전에 부른 그대 노래가
음표가 되어 눈앞에 떠다니고 있구나 하였다
지금은 우리 곁에 없어도
살아있는 청년은 골목 빼곡히
기다림으로 남아 있지만
그 옛날 멱을 감고 놀았을 그대 냇가에도
아름다운 노래로 살아 돌아와 있었다
동동 떠다니는 음표로
그려지고 있었다

여심女心 하나 둘

가을은 아직 오지 않고
급한 마음에 사람들만 가득 찬 고갯마루
짜드라 한 웃음들이
홀로 핀 무궁화만큼 야단하다

가시나야 니 온나
우리 밤 따러 간다
여게 호박 두 개하고
장미 한 송이 하고
형부랑 같이 있다
칼 칼 칼 칼

팔조령의 가을은
고개를 올라온 여심에서
먼저 풍성해진다

우리가 살면서 깨닫는 것들

이런 말 들어봤어
두 개를 가진 사람이 하나를 남에게 줄줄 알면
그게 가장 행복한 삶이라는 말

이런 일 경험했어?
중앙로 드넓은 거리에서
문득 팔등신 여인을 보았을 때
아 내가 살아 있구나 하는 느낌을

이런 생각 해봤어?
옆집이 이사를 가도 그 집에는 새로 사람이 들고
우리가 죽더라도 또 누군가 태어나서
지구는 영구히 채워져 있으리라는 것을

이런 사실은 알고 있어?
남남인 남녀가 부부로 만나 백년해로하는 일
그것은 지상에서 가장 아름다운 퍼포먼스이며
인생 최고의 종합예술이라는 사실을

아침의 기도문

임이여 돌아보니
어제도 나는 나누었습니다
제 곳간은 쌓지 않았습니다
굳은살을 떼어내야
새살이 돋는 이치와는 다른 것입니다
비울수록 없어지는 곳간을
계량을 하면서도 남의 곳간을 살폈지요
그래도 이웃은 너무 비었더랬습니다

찬물에다 손을 담가 세안을 하고
그 손으로 얼굴을 두드리는 아침
나는 서럽고
나는 또 아픕니다
어제 잡은 손길이
가시처럼 말라서
나를 자꾸 찔러오기 때문입니다

임이여
사람을 구하소서
이제도 기도합니다

포도 향에 잠이 깨어

뒤척이다 잠이 깨서
왜 일어나야 하는지를 묻는다
창에는 걷히지 않은 어둠이 남아 있고
흐린 능선엔 아직 동살이 없다
미명 너머로
가느다랗게 연줄처럼 당겨오는 뻐꾸기 울음
혹은 소쩍새 울음
그저 숨쉬기 위해서라도 어제처럼
잠은 깨야 하나
맞지 오늘은 시골로 버스를 타고
가을 냄새 짙은 포도를 사러 가야지
어느덧 골짜기를 덮는 포도 향이
창을 열고 잠을 깨운다

임 소식

재 너머 실어 보낼 돌壽石을
한 점 다듬어 놓고 나니
그대에게 보낼 돌이 또
한 점 있는데
발도 짧거니와
산 너머 물 건너야 하는
뱃길 산길이 너무 험하니
원근의 도적들이
강아지 아웅 대며 짖는데도
품에 안고 달아나네

길 멀고
임 오지 않고
서산에 어언 해 지네

대한민국은 뉴스가 많다

드라마를 좋아하는 어머니도
스포츠를 좋아하는 형님도 요즘
아버지의 리모컨에는
손대지 못한다

대통령 딸이 이민을 가서
그 나라 교육법으로 아이를 공부시키고
한 대통령은 법정 싸움으로
마스크를 쓴 채 재판을 받고
어느 국회의원이 매입한 지역에는 나랏돈으로
문화단지를 조성하고

가요무대를 좋아하는 할머니도
아이구 야들아 나라가 와 이러노
무신 나라가 이러노 하면서 텔레비전 앞으로
당겨 앉으신다

대한민국은 뉴스가 많다

손님처럼 오는 것

손님처럼 오는 것이 사랑 아니냐
뽀얗게 머리 감고
거울 한 번 더 보고
귀는 사방에다 걸어놓고
눈은 오방으로 열어둔다

해가 안아올지
구름이 품어올지
장군님 걸음으로
문 앞에 우뚝 설지
핸드폰 손에 들고
창 앞으로 다가선다
즈려밟는 발자국 소리가
들리는 듯도 하다만
해는 산을 넘고
오늘도 기다림만 길다

누나의 눈물

누나의 부음을 듣고
준비하는 아침

화장품 팔며
식당 일하며 살던 그 날들이
고생이어도 행복이었나 보다

한 생명이 일흔을 살고
여든을 이윽히 지나
길 멀다 하고는 그만
생生을 놓아버렸다는 아침

세상은 어디까지며
세상 끝은 어디일까?
누가 그 길 끝에서
조상님 하느님을 살아서
뵈온 적은 없다는가?

하늘이 또 흐린 걸 보니
당신의 눈물이 아직
많이 남았나 보다

낚대 놓고

집 들고 산 들다
사는 데를 돌아보니
공기 좋고
전망 좋고
물 맑은 냇가에
피라미 떼 보기 좋다
좋은 공기 아름다운 전망
와서 가져가소
짬이 나면 낚대 놓고
피라미 낚듯 세월도
낚아보소
해드니 물안개 산을 넘고
백로 몇 마리 너울너울
산허리를 감네그려
오소, 와서
보는 대로 다 가져가소

고향에서

고향엘 갔더니
온갖 논두렁 밭두렁이
다 펴지고
보리 심고 나락 심던
논고랑 밭고랑이 다 없어져
길이 되고 선로가 되고
하늘이 부끄런 듯
비닐 덮은 포도밭이 되고

아서라 미투리 신고 보리밭 누비던
까까머리 소년도 없으니
이참엔 고향도 늙고 모자라고
해체되지 않았으랴
깎이고 좁혀지지 않은 것은
추운 날 더욱 깊어지는
고향하늘 뿐

잘난 다랭이논이고저

날짜만 지켜봤지
흰머리 감추며 사노라
넘기는 달력에도
뒷면 그림은 못 봤다
했더니 이달에는
노란 다랑논에
벼가 함뿍 익어 있다
손길은 몇 번이며
발로는 얼마일까?
벼 이삭만큼 일거라 생각된다
호기심에 지난달 달력을
도로 넘겼더니
순천만順天灣 갯골이
질펀하게 열려 있다
도대체 뽑아서 던진 흰머리는 얼마이며
어디에다 버렸는지 가슴만 얼얼하다
갯골에다 다리를 묻고
잠시 검어지고 싶다
흰 것이 검은 것이란
말을 듣고 싶다
노랗게 익어
잘난 다랭이논이 되고 싶다

팔공산 정리整理

정리 1.

부부가 해로偕老해서 오르기 힘든 산길을 함께 온다

바람 불고 길 험한데 서로 발밑을 보살피며 손잡고 걷는 모습이 신화 속 일심동체一心同體다 본디 사람은 한 몸이었으나 둘로 나뉜 것이라 했다

좋소 온 산이 범굴이라 해도 걱정 없겠소 둘이 하나 됐으니 그대들이 왕王이시오

(그러나 산에 가면 가끔 혼자 다니는 철학자들이 있다)

기왕 꼭 잡은 손이걸랑 끊어지도록 놓지 마시오

이건 내가 드리는 게偈라오

정리 2.

전설적으로, 그러나 지극히 현실적으로 여기는 팔공산 신령재 또는 도마재 나는 그 능선에 누워 하늘을 본다 구름 사이로 삐죽 내비치는 햇살에 우연인지 그리움인지 죽은 친구의 얼굴이 어룽댄다 생전이라면 아마 나는 이런 전화를 걸었을 것이다

민찬아 여기 신령재다 바람 많고 좋다 저녁에 만나서 호프나 한잔하자

친구는 몇 달 전에 먼저 갔다 아는 이에게 부음을

전했더니 에이, 빌어먹을 놈하고 욕도 먹었다 나는 친구의 장례식도 외면하고 사십구재에도 불참했다 너는 늘 내 곁에 있었지 그처럼 멀리 있지 않았던 것이다

그런데 오늘은 왜 이리 가깝나? 통화까지 될 뻔하네

친구 얼굴이 해를 닮았고 해와 가까이 있는 줄은 산꼭대기 누워서야 안다

정리 3.

가는 길 멀고 해는 아직 중천이라 걷고 걸어도 걸음이 축나지 않는다 하마나 정자 같은 바위나 주막 같은 그늘이 있으려나 해도 길만 오직 항구하다 여기 그늘 잠깐 늘어진 곳에 배낭을 벗고 자리를 정한다 물 한 모금에 기갈을 풀고 졸리는 잠을 쫓아 사지를 뻗치고 눕는다 차제에 나뭇가지에 한쪽 발을 걸쳐놓고 거반 하룻길에 지친 피로를 푼다 서늘한 바람 소리 장막처럼 너울대고 아무도 산을 베고 누운 이를 간섭하지 않는다 여기는 공중을 휘젓고 다니는 드센 바람과 솔가지 틈으로 방실대는 해와 나뿐

여기 누구 없소?

우화등선羽化登仙*이야 굳이 책에서 찾을 일 있겠는가

* 우화등선(羽化登仙) : 몸에 날개가 돋아 신선이 되어 날아오르는 것 같다는 말. (蘇軾-赤壁賦)

정리 4.

물소리 붙잡고 내려오는 산길에는 열둘 열세 폭포가 앞서거니 뒤서거니 한다 이왕 좋은 물 만났으니 물가에 앉아 손도 얼굴도 훔친다 내 물이요 내 산이 아님에도 이만큼 풍족한 느낌은 없다 발 앞으로 트인 길을 걷고 걷노라면 물소리 더욱 강해지고 수량水量조차 많아지는데 동화사 3.4km는 여전히 아득하다 짐 풀고 돌팍에 앉아 진정 고생한 두 발을 성찬聖餐 같은 찬물에다 담근다 머리끝이 오싹하도록 살기등등한 냉기에 스스로 사람인가 아닌가 묻는다 발이 빠지는 아픔에도 이를 악물고 견디는 것은 이렇듯 바윗돌이 물가에서 자연물自然物이 되었듯 나도 껍질 하나 훅 벗어던지고 잠시 자연물이고자 함일러라 정리 5.

서둘 것 없는 삶이다 그것은 다 왔기 때문이다 그리고 천천히 가는 것이 천천히 가는 것임*을 알고 있어서다 손을 씻고 나오니 정류장 6분이라는 팻말이 앞에 서 있다

* '빨리 가는 것은 빨리 가는 거여'라는 반대말도 있음. 자전거나 차 운전할 때 쓰는 경구(警句).

시신 옆에서

대낮 한길 가에
너 혼자 다리 뻗고 누웠구나
어느 바다를 헤매다가
어떤 파도와 싸우다가
네 새끼는 얼마며
네 수컷은 어딨느니
어느 한밤 모진 풍랑 끝에
이 바다까지 밀려와
집요한 한 낚시꾼의 사랑옵은 미끼에 걸려
마침내 대양도 팽개치고
수많은 자손도 내던지고
음양을 함께 나누던 네 수컷마저 등지고
사람조차 넘보지 않는 외진 곳에
뙤약볕 잔뜩 묻혀 나날이 깡말라 가느냐
아직도 너를 잊지 못하는 먼바다 파도 소리가
잔물결에 밀려 네 곁으로 네 곁으로 다가선다
너는 아느냐? 길가에 내팽개쳐진
은비늘 쉶디선 바다야

제3부

바위는 사랑하지 않는다

매듭

산은
얼마나 오르고
강변은 또
얼마나 달려야
하나

오르고 달리고
또 오르고 달려도
풀리지 않는 숙제
인생의 매듭

사랑

친구가 오면

친구가 와서 니 뭐했노 물으면
곰티재*나 갔다 왔다 할까?
아니면 극장이나 갔다 왔다 할까?
우주나 중국이나 다녀왔다 할까?

곧 친구가 와서 묻거든
곰티재도 말고 극장도 말고
우주는 더욱 말고
강 따라 물 따라
자전거로 국토종주國土縱走나 했다 하렴

이 가을에
엄청난 노래가 사방에서
울려 퍼지는 좋은 계절에
나도 어딘가에서 이 계절을
일구었다 노래하라

* 곰티재 : 청도군 청도읍과 매전면 경계에 공비 초소가 있었던 고갯마루.

바위는 사랑하지 않는다

그 바위 참 잘 생겼다
말해 놓고 보면 바위는 움직이지 않고 말하지 않고 생각하지 않고 먹지도 마시지도 않으며 먼 세월 온갖 풍파를 견디며 천년을 하루처럼 지낸다 바위는 위대하며 의연하고 숭고하다 또 영원하다 천년귀감千年龜鑑인 바위는 사람에게 아름답다

그 나무 참 잘 생겼다
말해 놓고 보면 나무는 자라고 나무는 꽃 피우고 나무는 열매 맺고 작게 크게 바람에 흔들리며 춤도 춘다 그러다 나무는 어느 때 쓰러지고 꺾어지고 흙이 된다

그 사람 참 잘 생겼다
말해놓고 보면 사람은 먹고 마시며 생각하고 고뇌하며 많은 활동을 하고 많은 사랑을 나누며 산다 코끼리의 꿈이 나비가 되는 것이라면 사람의 꿈은 바위가 되는 것이지마는 꿈은 어디까지나 꿈일 뿐 사람은 하루를 쪼개 천년처럼 백 년을 향유享有한다 인생 백 년은 희喜다

여기 빠뜨린 사실이 있다 구르는 돌은 깎인다는 점이다 그리고 바위는 사랑하지 않는다

발레리노의 거리

홀쩍 자란 초승달이 어느새
덩그러니 거실을 지키는구려
박수쳐 환호하며 창문을 열자
맵싸한 산바람이 계절도 잊은 양
사람을 떠미네

난리는 어디 그뿐이랴오?
나가면 동네 앞엔 돌돌 흐르는 실개천이 있지요
오는 길 국숫집엔 유난히 잘 웃는
아주머니도 있다오
사랑을 말하려나 봐
어깨춤 추며 돌아오는 걸음이 어느덧
거리의 발레리노로 바뀌지요

이런 사람 이런 동네 보셨나요?
겅중겅중 춤추며 사는 이런 동네 어디 있던가요?
뻐꾹새 소리 멀리서 길 마중을 하네요

밤 식빵

밤 식빵을 보면
빵 장사 마음을 안다
속이 뻥 뚫린 허울에
눈곱만큼 흘린 밤 알갱이

겉이 멀쩡해서
속도 옹골차게 들어있을 것 같은데
밤은 보이는 외면뿐

혹 이름값과 다른
내 모습은 아닌지
속 비고 밤 없는 밤 식빵이
아침 식단에 숭숭하게
나와 마주 앉았다

하루 인사

해가 기운대도 자전거를 끌고 나간다
뭐 했냐고 물으면
오늘 하루도 아침부터
기죽지 않고 기 넘치지 않고
이적까지 활동했다 말할 것이다
이곳저곳서 방수설비도 알아보고
소식 뜸한 어른께 안부 메일도 보냈다고
조근조근 말할 것이다

이제 자전거를 타고 나가
다시 동네 한 바퀴를 돌며
무너진 둑길은 없는지
쓰러진 가로수는 없는지
해와 동행해서 저문 길을 달려
하루를 마감할 것이다
뭐 했느냐고 하루 일과를 묻는다면
나도 오늘 바빴다 말할 것이다

도목수都木手

내가 하는 일은 언제나
처음이 강하다 그러나
언제나 나중이 약하다
태초의 황무지가 된다

갈아엎고 새로 깎고 갈고
오늘 아침도 시작은
거창하다 하늘 위에 집이
석 채 넉 채

하느님도 와서 살게
궁궐만큼 짓는다 아 나는
평생 이러고만 사는
사상누각砂上樓閣의 도목수都木手

안개 일지

안개가 뜨고 내리는 것을 보기 위해
안개에 푹 잠긴 창 앞으로 밥상을 옮긴다

내가 다니던 산길도 덮어놓고
스님들이 사는 절간까지 삼키고 말았다
비 오면 비를 따라 내리는 안개기는 하지만
밤새 비가 내렸으니
산을 다 훔쳐 가지는 않았는지 모르겠다
날 들면 떠나가는 물새 등에 업혀
안개는 또 산을 두고 산을 넘는다
지금은 절간 사람들도 숨이 막히겠다 싶다
나뭇잎 닦아놓고 바윗등 닦으려는 거지?
어디선가 겁먹은 까마귀가 까옥까옥 짖는데도
아침 안개는 산을 접수한다 안개는 산을 넘친다
하늘 세계가 잠시 피곤한 안개였나 보다
안개 없는 세상도 우습지만
안개만으로 사는 세상도
살아보지 않았으나 무섭겠다
볕이 들면 너희는 금세
쫑 나는 줄 알아 내 평생을 보아온
너였잖나 말이여 부드러운 안개는 때맞춰
슬슬 산허리를 내놓기 시작한다 이윽고
안개 사이로 또각또각 목탁 소리 건너온다

묵상默想

산에 가면 가는 만큼
오는 길도 예약하게 된다

사는 것도 사는 만큼
버릴 게 있고 내려놓을 게 있다

조금만 욕심을 버리면
그만큼 가벼울 것이고
훨씬 더 버리면
선인仙人이 될 것이다

옹이 사이로 빠져나가는 바람을 보렴
상처도 없지만
걸려서 남길 것도 없다

바람은 선인의 혼魂이다

새벽 통신

밤기운에 잠을 깨니
달빛 들지
산바람 들지

창문을 닫았더니
달빛은 안 닫히고
산바람만 막히네

길고양이 울음 서늘하고
풀벌레 소리 섞이는 새벽

산을 두른 가로등만
아롱아롱 긴
줄 서 달린다

빨래

한나절이면
뽀송송 하던 빨래가 겨울이라
며칠이나 밤을
들락날락하고 있다

어느 일상 같기도 하고
어느 분신 같기도 한
해체된
아내의 해부학

빨랫줄에 공개된
섬세한 처형處刑

용서容恕

어지간히 껄끄럽던 후배의 전화를 수용한 것은
이나 저나 내가 잘한 일이다 빌미로 친구에게
먼저 전화한 것은 크고 호탕한 웃음으로 보아
그것도 잘한 일임을 알겠다

때로는 용서를 빌어야 할 데가 있는가 하면
때에 따라서는 용서를 베풀어야 할 때도 있다

아 나는 몇 사람을 용서하고 용서를 빌었던가?
진정으로 용서하고 용서를 빌 사람은 누구인가?
하느님 밖에는 생전에 아무도 없겠는가?
스치는 미풍에 그 말을 묻는다

잘 가고 계시지요?

만난 지는 3년이 지났고 소식 나눈 지는 8개월이 넘었다 몇 차례 문안 전화를 할까도 했지만 하지 못했다 밤새 안녕이 우리의 일상과제이긴 해도 혹시 안 좋게 들릴 수 있어 망설이고 미루었다

오늘은 버스를 훨씬 전에 내려 산을 넘으려 한다 집 뒤가 동산임에도 그나마 몇 주가 지나서야 여름 숲을 보게 된다 이름 붙이지 않은 크고 작은 나무들이 길목마다 자리를 지키고 길 안내를 맡고 있다 한 걸음씩 올라가는 산길은 시답잖은 비탈임에도 숨이 꽉꽉 차오르고

잘 가고 계시지요?

내가 할 수 있는 말은 이것뿐 지금처럼 산이나 들이 아니어도 우리는 어딘가로들 함께 가고 있는 중이니까

인생 8악장惡章

내가 대통령이 될 수 없는 거
내가 프로레슬러 아스카를 안을 수 없는 거

내가 호텔 롯데의 주인이 될 수 없는 거
내가 열일곱에 헤어진 곱단일 다시 볼 수 없는 거

내가 지금 산꼭대기에 앉아 있지 않는 거
내가 온몸이 초록잎 같이 생생하지 않다는 거

내가 아직 살아야 하는데 무슨 일이 닥칠지 모른다는 거
오늘 야구가 이길지 질지 모른다는 거

뻐꾸기 울음

엄청 우는구나
나도 눈물 날 것 같고나

잠깐 창가에서 날씨를 보자는데
불볕 아래로 녹음 뚫고 들리는
네 울음소리

네 친구도 하늘에 사나?
혹시 타지에서 못 오시나?

그리운 친구야 또
국수 한 그릇 먹자고 편지 쓰려다
네 울음 앞에 서니 그만
나도 눈물 나고나

친구야 저 뻐꾸기 울음 들리나?
한정 없이 우네 이
더운 날씨에

구름 같은 고개를 넘으면

두 시간여를 짓쳐 달려오면
그 뒤엔 넉넉히 쉴 짬이 있다
그전에는 보이지 않던 들판이
한겨울에도 따뜻하게 봄날 같은
가을로 풍성히 열려 있다
이름이야 들어서 아는 고장이지만
실경이 이토록 그림 같을 줄은 몰랐다

사는 일도 그러련가?
한 생生을 다한 후
구름 같은 고개를 넘으면
화평 가득한 누리가
눈앞 가득 다가오련가?
귀가 열려 입때껏 들어온 말들도
알아들어야 할 모양인가?
그분과의 거부할 수 없는 약속으로
약속된 진리로

인간 스톱

서둘지 말라
팔 벌리고 막아서는 산
언제 걸었으며 나는
언제 달려왔고 나는
언제 예까지 날아왔을까?

허공에 놓고 가는
까마귀 울음에 잠시 귀를 세워 듣다가
불현듯 쫑쫑대며 달리는 구급차 경적에
발걸음 멈추고 돌아본다

인간 스톱!

멈춰야 할 곳은 산만 아니라
저 아래 세상에도 있음을 안다
귀를 잡아채는 경적소리는 또 다른
숨찬 고개인가 싶다

경기체가景幾體歌* 신조新調

서울이 어떠냐고 물었다
참 좋습니다고 말했다

서울이 어떠냐고 물었다
네 참 훌륭합니다고 말했다

서울이 어떠냐고 물었다
네 서울이 참 아름답습니다고 말했다

대한민국이 어떠냐고 물었다
네 대한민국이 또한 아름답습니다고 말했다

대한민국이 또한 아름답습니다 맞습니까?

* 경기체가(景幾體歌) : 일명 경기하여가(景幾何如歌)라고도 하는 고려 · 조선 때, 사대부들 노래.

제4부

저문 일기

자전거 여행

강물만 있습니다
바람만 있습니다
햇볕만 끓습니다

한여름 오후 두 시

강물만 있습니다
바람만 있습니다
햇볕만 타오릅니다

천지가 타고 익는 한여름 오후 두 시

시 한 구절 적을
그늘이 없어 중얼중얼
머리에 띠처럼 두르고
달리고
또 달립니다

바람도
강물도
숨죽인 오후 두 시
햇볕만 살 태우는 한여름 오후

민찬이 어딨습니까?

민찬이 어딨는지는 집에서 가장 잘 알 것이다 집에는 아들이 있고 부인도 있고 근처엔 시집간 딸도 있다 그래서 물었더니 전화 목소리가 깜짝 놀란다 네? 누구세요? 아, 여기 대군大邱데요 아이구, 정 선생님 오래만이네요 지난주에 3년 탈상했어요 탈상을요? 그럼, 민찬이는 지금 집에 없습니까? 네, 선생님 시방도 친구 찾으세요? 벌써 가셨잖아요 3년쯤 되니까 조금 그런가 싶네요 정 선생님은 잘 지내시지요? 네 저는… 그런데 민찬이가 집에 없단 말입니까? 민찬이가 정말 죽었어요? 네, 선생님 그럼… 나는 늘 민찬이가 대구 오거나 전화하거나 내가 부르면 쫓아올 거라 생각했는데 민찬이가 지금 멀리 가셨단 말씀이네요? 네, 그래요 그렇지요 벌써 몇 번 연락드리고 말씀드렸잖습니까? 아니, 그렇기는 한데 그 말을 지금도 내게 믿으라는 거예요? 그럼요 믿으셔야지요 너무 하시네요 거짓말하지 마세요 정말 민찬이 어딨습니까? 보고 싶습니다

나는 악마를 보았다

거울 속에는
낯선 얼굴이 숨어 있었습니다

내가 모르는
험상궂은 모습이었습니다

나와는 무관한 일일지라도
너무 섬뜩한 일입니다

내일은 나가서
거울부터 고쳐와야겠습니다

바람 2

내가 달리는 길에는
갈 적에도 바람이고
올 적에도 바람이다

갈 적에는 동에서 불고
올 적에는 서에서 분다

갈 때도 안고 가고
올 때도 바람을
안고 온다

내가 달리는 길에는
끝에서 끝이
바람이다

겨울 입문

단풍이 물들 때가
엊그제인데 다시 산에 오니
하늘까지 시원하게 뚫린다
터널을 이루던 숲길은
바람에 휘둘린 나목들로
공기마저 스산하다
그게 가을이었고 이게
겨울이라는 것을 눈으로 익힌다
어느 여름이 간다면서 가고
어느 겨울이 온다면서 오든가?
하늘가로 뾰족 올라선 산봉우리가
벌린 어깨마저 떠는 듯 야위다
겨울 너는 참 마른 계절이구나
핏기없는 바람이 으스스
꼬리를 남기며 사라진다

아이의 가방

그 아이는 세 살이었다 할머니의 손을 잡고 있었다 “어떤 아저씨가 학원 다녀오세요?” 하고 말을 걸었다 “네”라고 할머니가 대신 대답했다 아이는 다시 할머니의 손에 이끌려 집으로 가게 되었다 또 어떤 아저씨가 “체육관 다녀오세요?” 하고 아이를 보고 물었다 “아니에요 어린이집 다녀와요” 하고 이번에도 할머니가 대신 대답했다 지친 걸음이 점점 아이의 발길을 더디게 했다 두 번째 아저씨가 안쓰러운 눈으로 아이를 돌아다봤다 그때 아저씨의 눈에는 아이는 안 보이고 커다란 가방이 걸어가는 것이 보였다 그 안에는 간식이며 옷가지며 책이 들었을 거라 미루어 짐작했다 그러면서 중얼거렸다
네 가방이 참 무겁구나

신 정석가新 鄭石歌 *

손톱 잘게 깎고
손금에 때 곱게 지우고
하늘 높이 팔 들어서
가장 아름다운 별 하나 뚝 따 와
바람도 새지 않게 꼭꼭 틀어쥐고 움을 틔워
그 움이 자라 꽃 피고 열매 맺어
손바닥 가득해지거든
하늘이 가장 맑으신 날
모판에 볍씨 놓듯 하늘 가득 뿌리우소서
어여쁜 오작교 되고 은하수 되게 하늘 가득 채우소서
금가루 은가루 반짝이는 은하수 다리 되어
만민이 오가시고 만국기 펄럭이는 그날이 되게
선왕선대 조상님은 이 땅을 굽어살피옵소서
천지신명 조화옹께도 감읍 감동하오셔
우리게 그날이 오늘 되게
이 땅을 열어주옵소서 새해 아침
정화수 높이 올려 축원 축수하옵니다

딩아 돌하 당금當今에 계샹이다
딩아 돌하 당금當今에 계샹이다
선왕성대先王聖代에 노니 와지이다

* 정석가(鄭石歌) : 태평성대(太平聖代)에 임과의 영원한 사랑을 노래한 고려속요.

오해와 진실

이름은 명상길
걸으면 고생길 등산길
내려와 들어선 평창동 마을길
가장 고요한 길 가장 외로운 길

Land Rover Hummer Jaguar Wrangler
낯선 차량들만 번뜩이는 길
땀에 젖은 택배 아저씨가
얼마 째 문 앞을 지키고 서 있는
평창동 마을길 내가 걷는 둘레길

높은 담이 겁이 나 발소리 죽여 걷다가
대문도 담장도 사진 찍고 마을도 구경한다

내가 걷는 길은 고요한 둘레길이지만
집에 가면 나도
이웃 있고 가족 있어
지나온 이야기를 들려줄 것이다 다 말한 뒤에는
이 말도 할지 모르겠다
평창동에는 가지 마라 살면서 괜히 한번
살아보고 싶지 않겠는가 그러면 마음이
또 얼마 아니 아프겠는가

암자의 겨울밤

하늘도 꽁꽁 언 송림 속 작은 암자
사람 둘
집 한 채
부처님 세 분
해 질 녘에 잠깐 부스럭대던
고양이도 부뚜막으로 숨고 없다
별은 잘까?
달은 잘까?
이불 없는 한데 잠을 어떻게 잘까?
흔들리는 문풍지로 너
찬바람의 행적을 알겠다
돌계단도 꽁꽁 언 겨울 깊은 암자에
외로이 불 밝힌 장명등長明燈 하나
마음 겨우 따습다

새해 소망

하얀 달력이 왔습니다
활짝 웃는
아가 얼굴이 있었습니다
가만가만 다가가
말해봅니다

아가,
새해에도 우리 모두
너처럼 웃게 해줄래?

아가는 활짝
더 크게 웃습니다
멀리멀리 들리도록
소리 내어 웃습니다

그리움

할머니가 오셨나 보다
한밤에 뚜욱 뚝
못 박는 소리
나무 조각 떨어지는 소리 크다

아침에 나와 보면
할머니는 없다
새집이라 집이 바르게 앉는 소릴 거라고
이웃은 말한다

가끔 할머니는
꿈길처럼 다녀간다
내 마음속에서

엄마의 편지

상엽아 이 쪽지 보는 대로 연락 다오
엄마가 꿈에 너를 봐서 그렇다
꼭 전화해라.
010-5672-0000

할머니 무덤 곁에 투명비닐로
고이 감싼 쪽지가 떨어져 있다
어디서 날아온 것인지
묘비마다 살폈으나
상엽이란 이름은 안 보인다
하늘에서 떨어진 것이 아니면
어딘가에 있을 법한데
여기도 저기도 찾을 순 없다

추석 성묘가 끝난 지 일주일인데
왔다가도 보지 못한 것인지
지금도 오지 않았는지
남의 일이라도 걱정이다
집 나간 상엽이가 남의 아들이 아닌
내 아들 같기도 하기 때문이다
돌을 주워 할머니 무덤 옆에다
정체 모를 편지를 꼭 눌러 둔다

등산

산이 올라가서
나도 올라

산이 내려와서
나도 내려와

발걸음으로
그리고 지운
무수한 저 하루

노인백서老人白書

아침에 신문 들고 오는 일
칫솔에 치약 짜서 쓰는 일
화장실에서 오줌 보는 일도
노인께는 다 일이다

트럭 가득 사과를 싣고
동네방네 외치지 않는다고 지천하지 마라
그 옛날 산을 떠왔으면 어쩔래?
바다를 펴왔으면 어쩔래?
한 수레의 책을 싣고
준령을 넘었다면 어쩔래?

노인정에 구겨 앉아
엉덩이에 뿔 난 것들 험담이나 하면 어쩔래?
물가에 앉아 파닥이는 피라미나 희롱하면
그건 또 어쩔래?
그게 노인이라면 어쩔래?

모든 게 시간이지만
모든 게 일이라면 어쩔래?

서울을 떠나며

서울을 나 떠난다고 생각하면
긴긴 한숨부터 뿌리를 드러내지만

나 서울을 떠난다고 생각하면
유유한 한강만큼
실패한 내 풍요도 떠나게 되지만

나 정말로 서울을 떠난다고 생각하면
허구한 이 도시의 쓰레기와
옷 벗고 뛰었던 내 청춘도
함께 묻고 떠나는 것이지만

내 기어이 서울을 떠난다고 생각하면
서울은 입때껏
내 삶의 한 무덤임을 깨닫게 되지만

돌밭의 주문

또 새로운 하루가
어여쁜 돌밭에서 시작된다
천길 멀어진 강가에서
그대 한잠 깊이 잠들었을 시간
제 혼자 열심히 하늘에도 빌고
강물에도 빌고
오만 잡새 울음에도 빌어
내 슬픔을 정리한다
세상에는 나 하나
별 같은 그대 하나
세상에는 그대와 나뿐
하느님
나는 별을 사랑합니다

저문 일기日記
— 여정 633

길에서.

나는 지금 내 인생을 달달달 볶고 있어요 해 다 저문 타지他地에서 자전거와 동행하는 중입니다 왜냐구요? 덜 살기도 했지만 산 것마저 덜 산 것 같아서요 저문 날 저문 해를 좇으며 내가 어딨느냐고 묻는 거지요 풀벌레 소리 더욱 쓸쓸한 것은 가을이 너무 깊었다는 뜻이겠지요 거기엔 내 대답도 들어있는지 모르겠구요 멍하니 쉬려다 지나가는 열차에는 그래도 손을 흔들어 줍니다

여의도를 지나며.

청도에는 소싸움장이 있고 여의도에는 닭싸움장이 있다 연일 치고 박고 싸우는데 때로는 둘씩 다섯씩 불려 나가 검찰 조사도 받는다 했다 큰 닭이 작은 닭을 팬 것은 아닐 테고 도대체 영문을 모르겠다 오늘도 날리는 깃털에 온 국민은 재채기다

민박집 초야初夜.

잠 깨면 들리는 청개구리 울음 창문 열면 일시 그 울음 그치고 탐스런 감들이 불빛에도 익고 있다 시

설로야 고만해도 내가 묵는 민박집은 건사하지 못했던 옛것이 더러 있다 뒤뜰 가득 감 대추는 어찌 심었으며 말 안 듣는 청개구리는 어찌 또 놓아두었는가 밖을 나가보니 숨찬 어둠만 가로등에 깎이고 있다

코스모스 곁에서.

이러고 있는데도 내가 어딨는 줄 알고 계속 찾는 사람이 있다 나는 지금 코스모스 곁에 있고 솔밭 안에 있고 잘 꾸민 남의 정원에 들어가 사진 찍고 있고 뙤약볕이 타는 남한강 자전거길 위에서 조정지댐을 향해 달리고 있다 내가 어딨는 줄도 모르고 찾는 사람은 아무것도 모르거나 나를 잘 아는 분일 거다 그는 오직 한 분밖에 없는 존재이기는 하지만

정자에서 맞는 아침.

나는 오늘 사흘째 자전거를 탄다 나와 보니 도처가 살기 좋은 곳이다 길목마다 정자 있지 체육공원 있지 운동하는 사람들 많지 풀어헤친 갈대밭은 밀림처럼 흔들리지… 수더분한 아주머니의 한 말씀이

정겹고 마을 노인의 웃음이 따습다 내 나라! 지나고 나면 어디든 모두 그리울 곳임을 알겠다 다음 여정을 향해 다시 벗어둔 헬멧을 집어 든다 이러다 정녕 집에서 쫓겨날까 두렵다

도동서원道洞書院에서.

오늘 찾는 도동서원에는 한훤당金宏弼의 손자요 손손자孫孫子가 선생의 복장을 하고 다소곳 앉아 있다 선생의 도학정신道學精神이야 아는 것보다 내가 모르는 바가 더 많지만 현세와 다른 난국에서 선생의 한 말씀이야 정맥靜脈을 뚫는 청혈제 아니었을까? 나뭇잎 하나가 돌팍을 치면서 정갈하게 소리 내어 구른다 연한 것이 강한 것을 치며 구르는 소리가 나뭇잎 하나라도 기운이 다른 것 같다

난세亂世 영웅을 꿈꾸시다.

나이가 적지 않은 나는 남은 소원이라면 우리 넷* 이서 한때 조상들이 말 달리던 만주벌에도 가보고 해란강 일송정도 배우고 싶은데 여러분도 이제 춘추들이 고만하니 높은 비행기를 태워준들 체력이 닿겠

는가? 강보에라도 싸서 갈 참이니 가자고 말씀들만 하시구랴 어디가 꼭 어때서 아니라 우리가 지난날처럼 한마음이 됐던 게 언제 있었던가? 이제라도 마음 모아 난세를 한번 거머잡아 보자고 그때 그 의기義氣라면 무엇을 못 하겠는가? 문득문득 자꾸 예전 생각이 나네그려

* 우리 넷 : 과거 한 직장에서 근무했던 guro.net 동아리.

사람들.

오느냐 마느냐 사람이 없다 비내섬에서 만났던 젊은이들도 상풍교에서 사진 찍어주던 노란 저지의 청년도 달성보에서 만났던 원주 노인도 갔는지 말았는지 내 곁에는 나밖에 없다 자전거를 탄 사람이 자전거 길을 벗어나지 않았다면 이 열화烈火 같은 경쟁을 마다할 리 없을 것이다 혹시 너무 젊어서 포기라는 삶도 일찍 배워버린 것일까? 지친 노인은 아직도 절뚝거리며 어느 뒷길에서 자전거를 끌고 따라오는 것일까? 나 혼자만 쳐져서 먼 바람 가까운 새소리를 대하고 있는 것일까? 앞길은 안개 속에 잠겨있고 돌아보니 지나온 길은 더욱 아득하여이고

강변 풍경.

낙동강 종주 길엔 월요일이라 오는 이 가는 이가 없다 군데군데 세워진 빈 정자만 바람을 맞고 있다 여정旅程도 끝나가니 쉬었다 가자며 정자에 앉는다 산은 구름에 가려 수줍은 듯 일어나지 못하고 강물은 물안개에 갇혀 잠 깨지 못한다 어느 비닐하우스에선가 들리는 강팍한 한 여인의 목소리가 오늘도 치열한 삶을 살고 있음을 알려준다 안개가 나면서 강도 깨어나고 산봉우리도 상투처럼 일어서고 있다 모든 게 평정된 듯 비닐하우스에도 고요한 평화가 내린다

마지막 주행.

다들 아시죠? 이번 저의 여행주제가 아름다운 사람, 아름다운 청년으로 정하고 빡세게 사는 것임을요 3년 만에 다시 오른 국토 종주길, 엉덩이가 무너져 참새나 찍고 들판이나 찍고 공산명월 같은 지는 해나 찍고 있습니다마는 이게 전부 상傷한 엉덩이를 치유하는 방법임을 아는 이는 아실 것입니다 조그마한 디카로 거창한 예술작품을 찍으려는 것은 아니구요 드디어 마지막 날 마지막 구간을 그야말로 죽을

힘 다해 질주하고 있습니다 여름내 공들여 키운 노란 벼 이삭도 지금은 일순간에 지나갑니다 나도 실은 익고 있는 중입니다

후기.

며칠 후, 인화된 사진을 정리하는데 문득 한 토막 질문이 깨어난다

아름다웠나?

아름다웠다 풍경 속 사람도 사람 속의 사람도

젊었나?

젊었다 여정 633km 위의 사람도 빛나는 청년이었다 그러나 다음에는 간다면 엿새 닷새가 아닌 두 차례로 나눌 필요가 있다는 생각을 한다

사람은?

사람은 내 안에 있었다

제5부

똥섬에는 낙조가 있다

똥섬에는 낙조가 있다

오이도에는 똥섬이 있다
서해를 여는 갯벌도 있지만

똥섬에는 카페가 있다
로드바이크보다 산책이 더 좋은 긴 제방도 있지만

똥섬에는 군사용 초소가 있다
높은 나뭇가지에 까치집 두어 채도 있지만

똥처럼 생긴 똥섬에는
파도가 있다 이름 없는 갯바위도 있다
저녁이면 갈매기 떼 우우 나는
조용한 경관도 있지만

갯벌이 아름다운 오이도에는
다 있지만 정겨운 똥섬이 있다
똥섬에는 바다가 불타는 낙조가 있다

업業

계곡에도 들고
바위에도 숨고
아무리 이승의 업(業)을 업고
숨바꼭질해도
설렁대는 바람이 무서워
숨을 곳이 없다
토막 난 업을 업고
다시 더 깊은 계곡과
더 큰 바위를 찾았지만
어여쁜 진달래는
얼굴 가려 뾰시시 외면하고
어디선가 두견새는
선 울음을 토한다
전생의 업이 또한
만만치 않은데
오늘 쌓은 내 일이
이토록 더디고 무겁다면
아 인생이여 인생이여
눈앞에 쌓인 가랑잎이
그냥 가랑잎이 아니었구나

새가 되어

세잔느를 이야기 하다가
인상파를 이야기 하다가
통렬하게 배를 뒤집는 웃음이 있다
저 까마득한 날에
똥줄 나게 처 맞으면서 미술시간에 외운
우리들의 기발한 학습법이 있다
마네 모네 빗자루 쓰레기는
인상파다 그래서 우리는 아직도 얼얼한
천벌에 몸을 떨고 있지만
확실한 사실은 그 기발한 학습법으로
학습법 하나를 개발했다는 사실이다
아직도 엉치뼈 무너지는 아픔으로
피가 역류하지만 지금도 그 친구는
어이, 빗자루로 이름 불려지지만
어째 그때 우리들의 조개껍데기 같은 머리로써
그런 구구단을 짜냈을까 몰라
마네 모네 빗자루 쓰레기…

돌아보지 않은 내 유년이
새가 되어 저만큼 창공을 헤엄친다

여기 김 아무 있네

여기 김 아무 하나 있네
영등포역을 나오면 비 안 맞는 전철역 입구에서
막걸릿병 수북이 세워놓고
느슨 느슨 음주하는 시커먼 일당을 본다
세수를 하지 않아서 시커멓고
수염을 깎지 않아서 시커멓고
목욕을 하지 않아서 시커멓고
이발을 하지 않아서 시커멓고
옷을 갈아입지 않아서 시커먼
혓바닥까지도 시커먼
사람들을 숱하게 본다
줄담배로써 담뱃진이 초콜릿처럼 녹은
영등포 역전 사람들
내일이나 모레면 나도
어느 분 옆자리에 비집고 앉지 않을까?
사뭇 주위를 빙빙 돈다
구원할 수 없는 저 시커먼 일행들의
왜곡된 삶이여 삶이여

내가 바람이 되게

사랑을 잊는다는 것은
사람을 잊는다는 것이다
안 보이는 사람을 잊고
보이는 사람도 잊고
나무와
풀과
새와
꽃과
구름과
바람을 사랑하라
나도 한 떨기 꽃이 되게
나도 한 그루 나무가 되게
나도 한 포기 풀이 되게

내가 구름이 되게
내가 바람이 되게

강변 풍경

한 사람은 투망하고
한 사람은 낚시하고

비 온 지 사흘

달리는 자전거도
그림이 된다

그중 하나
바위를 망루 삼아
강심을 느긋이 바라보는
백로 한 마리

우리는 사랑 아닌가

사람은 믿을 수가 없다
꿈처럼 믿었던 너도 불꽃처럼 사라지고
뿌연 잿더미만 가슴에 찬다
사람아 한마음아
나무가 한 등걸에서 열 뿌리라고
마음도 고뇌스럽게 갈라지는 것가
한 송이 꽃떨기에 다섯 여섯 잎이라고
사랑도 석연찮게 쪼개지나 한 잎 한 잎

밤사이 잠은 산골짝 드렁에도 나뒹굴고
도시의 육교에서도 뛰어내려
지금은 눈알 하나
뉘 집 고무신짝에 처박히고
한 놈은 내 집 베란다에 걸려
아침 해를 반기고 있다
사람아 한마음아
꽃이 지면 너도 질래?
나무가 꺾이면 너도 꺾일래?
우리는 사람 아닌가
우리는 사랑 아닌가

속미인곡續美人曲 신강

만중* : 이 봐라 정철鄭澈의 이 세 책 관동별곡 사미인곡 속미인곡은 진짜로 좋은 책이다 우리말 우리 글로 멋지게 썼지 않니

선생 : 이 봐라 만중 선생이 이렇게 말씀하시잖니 정철의 이 세 가지 책이 천하제일이래

학생 : 동해물과는 나뭇잎과 다르다 다른 것은 컴퓨터의 의지와 내 손이다

만중 : 진짜 진짜로 정철은 천하제일의 문장가다 속미인곡은 지금 봐도 감복할 것이다 한 번 봐라

선생 : 한번 보라고 한다 이 책이 천하제일이다 같이 한 번 읽자

학생 : 소풍은 과천보다 우리 집이나 PC방이 좋고 졸업여행은 가지 말고 그 돈 가지고 술 사 먹는 게 몸에 백 배 건강해서 좋다 안 그러냐?

만중 : 저 책은 앵무새 흉내요 이 책은 속에 것을 솔직하게 털어낸 만고의 진실이다 그래서 이 가사歌辭는 두고두고 읽어서…(조상의 얼을 되살리고 후손의 정신을 튼튼하고 맑게 양성해야 한다)

선생 : 좋은 시가는 만고에 빛난다 우리는 조상의 얼을 받아서…(만중 선생의 정신과 필력을 본받자 그런 점에서 그의 말씀은 더욱 값지다)

학생 : 배고파요 밥 먹어요(선생님)

* 만중 : 김만중 · 조선 시대의 문신이며 소설가(1637~1692년). 호 서포(西浦).

경상감영 단상斷想

이렇게 시가 없는 날 나는 뭘 하나
아첟브게 들리는 새소리만 들어야 하나
작기는 해도 공원이라 찾아온
남녀의 게으른 발걸음 따라서
나도 흐느적거려야 하나
구름이 한 겹 짙고 기온이 한참 무더운데
이렇게 시가 없는 날 나는 뭘 해야 하나
노인네들 한 판 펼친 장기구경이나 해야 하나
맥문동 초연히 일어선 꽃밭에서
너랑 보랏빛 사랑을 다투어야 하나
4백 년 해묵은 경상감영 터에서
나도 갈 것이고 그분들 또한 이미 가셨지만
뒤늦은 행렬 잡고 세월을 읽어야 하나

우주의 시간

우리가 모든 것이 가능할 때
그러나 한 가지도 가능하지 못할 때
우리는 미칠 것 같고 미친다

우주가 조용히 창 앞에 열려
귀한 손님 손 벌려 영접하련 시간
나는 겨우 눈밖에 뜨지 못한다

열린 우주를 열린 눈으로 볼 밖에 없다
우리가 헤엄쳐 나갈 바다나
산등성이도 그곳엔 없다

한 도시가 다가와 일상을 소중하게 풀어놓고
그중 한 사람을 자유롭게 활보토록
옆을 비켜주는 인정 하나

우리가 모든 것이 가능할 때
우리가 하나도 가능하지 않을 때
비로소 미치겠다 미칠 것 같아진다

우주는 어딘가로
창을 두고 둥둥 떠간다

고별사

바람 넘나드는 바위
이끼 더 푸른데
잠깐 가던 길 멈추고
흐린 손금 두어 줄
그냥
놓고 갑니다

친구야

낙엽 뿌려놓고
오랜만에 참 오랜만에
옛이야기 좀 하세
곱게 물던 단풍이
켜켜이 내려앉은 뒤뜰을
모처럼 나가 보았네

우수수
바람이 일고
한 소쿠리 낙엽이 또
지네 친구야
이 낙엽이 보이지 않는가
쓸고 앉게
아니 쓸 게 뭐 있겠나
뿌려놓고 그냥 앉게
참 우리
그 시절이 문득
그립네

장미

얼마나 그리우면
그리움은 다 하는가
그리움은 말라버리는가
말라서 뒤틀리는가
뒤틀려서 불타 없어지는가
그 터에 꽃이 피는가
꽃이 지는가

장미 한 떨기 너
먼 데서 왔구나
내가 조금 알겠다
누구의 입술인지

나뭇잎 하나

의암毅菴 유인석(1842~1915)은
말한다
봄바람 어떻게 새 힘을 빌어 와서
산더미 같은 나라 근심
불어 흩을까?

시인은 말한다
나뭇잎 하나 지네
나뭇잎 두나 지네

정치인은 말한다
패스트트랙(Fast Track) 할 거네
패스트트랙 안 할 거네

나라와 민족이
부초같이 둥둥 떠서
개구리밥도 되고
새 먹이도 될까
꿈자리 밤마다
어수선하다

사랑

푸른 하늘에는
아무것도 그려지지 않는다
내 욕심도
그려지지 않는다
너무 푸른 하늘에는
작은 패랭이꽃도 그려지지 않는다
먼먼 그리움 하나

그것을

사랑이라 말한다

주께서 떠나시다

나이 들면서 메뉴 하나를 줄인다
절대적으로 신봉하던 내 주님이시다
세상 먹을거리가 다 술안주요
소주 한 병이면
안주 열이 공짜인 세상인데
나는 이제 누구와 더불어 사나
무얼 먹고 사나
주님은 나를 버리셨는가
내 몸이 여의치 않으니
내 주께서도 멀어질 수밖에 없다
그 잘 먹던 사람들이 한둘씩
왜 주님 곁을 떠나는가 했더니
어느 사이 나도 그들 곁에 서 있다
열렬히 환호할 때 주님도 좋아하시지
어깨 굽고 목소리 쇠하니
주께서도 나를 떠나시나 보다

메시지

길을
길을 가다가
한 아저씨를 만났다 술 취한 양반이었다
대뜸 소리 지르다가 뚝 그치고는
나한테 참을까요? 어쩔까요? 묻는다
대뜸 나도 참으세요 화답했다
참으래 참으래 하고 주기도문처럼 외더니
아저씨는 냅다 욕설을 퍼댔다 야 이 씨팔놈아
뭘 참아 왜 참아 이 도둑놈 새끼야 라고
돌아다보니 아저씨는 분명 나를 향해
소리치고 있었다 그러더니 또 한 마디 덧붙였다
이 개새끼야 뭘 참아 이 씨팔 새끼야
고래고래 내지르는 소리가
붉은 한낮을 더 뜨겁게 덥혔다
왜인가? 왜 그런가? 한증막에서 빠져나왔을 때처럼
속이 후련해지는 것은 이제야 나는
뭐할 놈이요 뭔 놈이라는 것을 알았다
돌아올 때 그 자리에는 그 아저씨는 없었다
문득 나는 하늘을 쳐다봤다

바람으로 와 있는 그대

미워했던 그 사람
그리운 것은
사랑이 깊어선가 내 마음에
부처가 와서인가

오늘도 덥고 어제도 더운 날씨에
어제도 오늘도 깊이 일에 묻혀
그대를 잊었던 시간
해가 뚜욱 서산에 떨어지려 하니
새삼 그대 생각 간절하다
아무야 그대는 지금 설렁이는
내 곁의 바람으로 와 있지?

동해안 7번국도

내가 굳이 동해안으로 가려는 것은
여기도 시화호가 있고 대부도가 있고
여러분들이 그리워하는 제부도며 영흥도며
선재도며 강화도며 온갖 섬들이 다 있어
천지만지 보이는 것은 전부가 바다요 산이요 사람이요
오징어 빼놓고 전어며 낙지며 새우며
주꾸미며 조개며 꽃게며 고래 외에는 다 있다
서산에 딱 지는 그 신비한 낙조가 있다 한 데도
한반도 백두대간을 끼고 달리는
동해안 7번 국도를 꼭 가야 하는 것은
그 할머니 때문이다

5천 원짜리를 반으로 나누어서
그것만으로는 심심하니 저것하고 섞어서
반 접시 주시오 했더니
내가 주문을 잘못했는지
할멈이 계산을 잘못했는지
이것 반 저것 반 섞어서 각각으로 헤아리면
원만한 한 접시가 아닌 반 접시인데
그 놈을설랑 각각으로 다 섞어서 내놓고는
요것만 드시면 안 되니까
그 뭐냐? 우리말로는 덤이냐?
해서 소주까지 턱 하니 내놓는 거였다

내 언제 그 얘기 한 번 했지?
삐걱거리는 자전거타고 가다
삼척인가 오십천인가 그쯤에서
어여쁜 것은 아닌데 하여간 파싹 늙은 할머니가
다리 곁에서 회를 조그맣게 팔고 있었는데
그 할머니를 주린 배 껴안고
찾아갔더라고 했잖은가 말이여

내가 꼭 동해로 가야 하는 것은
지금 짐도 다 싸 두었네만
그 어여쁘지도 않은 파싹 늙은 할머니가
시방도 그 자리서 반을 달라면 반을 주는데
입이 심심하니 이것하고 저것하고 각각 섞어서
반을 달라고 하면 그만 계산이 어려워져
이놈 반에 저놈 반을 듬뿍 얹어
아나 여깄다 반이요 하고설랑 온 접시로 내놓고는
그래도 사나이가 이 좋은 안주에
소주 한 잔은 있어야지 하면서
먹다 남긴 소주병을 드시요 하면서 선심을 쓰는데

하!
오늘 말이요
나 참말로 할멈이 그립소

정녕 그립소
우리 춘향이보다 그립소
잘 있지요?
많이 이뻐졌지요?
이번에 가게 되면
꼭 한 번 할멈 손을 잡아볼 것이요
혹 알더라도 너무 무색하게
부끄러워 마시요
나도 사나이지마는 늙었고
늙었지만 거기 삼척이 어디요
거기를 햇수로 3년을 묵혀 찾아가는데
맨가슴이겠소? 할멈
잘 계시지요?

정말 갑니다 서해가 아닌 동해로
또 뻰질난 자전거를 타고서
참 말씀하였던가? 그때 타고 간 자전거는
한참 찌질이오 이번에는 벤츠요
색깔도 참 곱소 보면 감탄할거요
할멈, 나 가요
동해안 7번 국도를

삶과 자연을 돌아보는 맑은 눈

함홍근(시인, 지구문학 작가회의 고문)

요즘에 이르러 미세먼지니 공해니 하는 말들이 나라 안팎을 어지럽게 하고 있다. 또한 그 먼지에 버금갈 만큼 국내외적으로 큰 이슈가 되고 있음을 본다. 이것이 옳다, 저것이 옳다, 너희 이웃 나라들 때문이다 하면서 갑론을박하는 언론의 아우성도 미세먼지만큼이나 공기를 탁하게 하고 있다. 문학(시)에 있어서도 마찬가지다. 시의 감상은 각자의 태도나 심리에 따라 다르게 해석할 수도 있고 닫혀진 방안에 감추어진 내면의 아픔이나 흐름, 진실에까지 접근하려는 노력도 있을 것이고 어둠 깊숙이 숨겨진 정체의 가치만큼이나 꽤 과학적 수학적인 분석도 있을 수 있다.

그러나 감상이나 해석에 맞지 않게 무엇을 쓸까 어떻게 쓸까 구도적 진행은 어떻게 매듭지을까 하는 소위 삼단논법이냐 기승전결이냐 하는 구태적 구성기법을 주장하는 사람들이 아직도 얼굴을 내밀고 있으나 피사체 곧 대상에 따라 그러한 기술記述은 차츰 사그라들 수도 있고 용수철처럼 강하게 튕겨 나올 수도 있다.

김수영의 시는 이러한 정형적定型的 고정관념을 깨뜨리려는 시적 전개의 개척적 입지에 자리 잡고 끝없는 문학의, 시의 아우토반을 달리는 신형자율주행 자동차요 그 가사다. 흔히들 '푸른 하늘, 맑은 공기'라며 두 팔을 들어 기지개를 켠다. 이럴 때는 곧잘 온몸을 뒤틀어 표현하지만 김 시인은 시선을 앞으로 모으면서 심호흡부터 하는 신중론의 소유자다. 그의 소설문장은 30%가 시에 근접한다는 김훈의 『칼의 노래』나 『강산무진』에는 못 미친다 하더라도 어지간히 깐깐하고 섬세하고 진솔한 내용임을 여러 번 읽어본 나로서는 시 또한 자유로움의 대변자라고 주장하고 싶다.

천년 묵은 고정 틀을 던져버리고 촘촘히 훑어 내리는 시의 흐름, 소재의 무궁무진한 발굴, 끝없는 조탁彫琢, 시제의 자유로움, 그 설정 등은 많은 시인들이 함께 할 수 있는 개성적 특질은 아닐 것이다. 청명한 햇빛을 보고 태양을 우러르지만 강은교 시인은 앞서 『시인수첩』에서 '낡은 햇빛'이란 이단에 가까운 표현을 보였는데 그것은 오늘날 현실이 되고 있다. '미세먼지'는 햇빛을 가리고 햇빛은 미세먼지 뒤에 숨어서 모든 생명체를 우리 인간의 건강을 해치고 있다. 이러한 시대착오적 건강악화적 현실에 발 벗고 나서서 그 타개책을 찾고자 하는 사람들, 산과 들을 뒤지고 골목을 달려가고 달려오고, 우리 내심까지 파고들어 애착을 보이는 싯구가 이번 시집에서 여기저기 번득인다.

'아, 오늘 밤은 왜 이다지도 숨 막히는 걸까?' 오래전 까뮈도 「칼리굴라」라는 시에서 탄식어린 어조로 울부짖었다. 그것은 오늘날 미세먼지와는 멀다. 정신적 갈

등, 마음의 불안과 분노, 학문적 철학적 대립의 변증법과 사랑의 갈망 등 여러 불안요소가 작용된 결과의 외침이지만 '숨 막히는 현실'은 보이는 것이나 보이지 않는 것이나 외침은 동일하다. 표피적 현실의 불투명함, 정신적 내부의 불확실성은 사실 그것이 형이상학적이거나 형이하학적으로까지 시적 표출방법에 폭넓게 활용하는 사람이 김수영이다. 그의 건강한 외모, 신선하고 분명한 시선은 사물을 감지하는 능력이나 분명한 태도를 드러내는 그만의 장점 중 하나다. 이러한 선진적 사고 능력은 그의 시에서는 비유나 상징성은 적은 반면 시 전편에 흘러내리는 율격 가락 내밀의 의미는 우리에게 던져주는 질문적 과제로서 인생살이 전반에 걸쳐 질펀하게 차고 넘친다.

시적 진실과 시 정신, 정서와 상상, 리듬과 율격, 세련된 언어, 시적 이미지와 그것의 형상화 등은 그의 시에서 쉽게 감지되는 수사나 수사법의 범주를 벗어나고서라도 그가 이끌어 나가는 힘의 탄력은 바로 김 시인 자신의 정신적 자세, 생활적 태도가 그만큼 성숙되고 대들보만큼이나 든든하다는 의미도 담고 있을 것이다.

이미지즘과 주지주의적 시의 패턴은 오랜 기간 국어국문학을 현장에서 가르친 교편생활의 고전에 뿌리를 둔 고전주의와 연결되면서 자연의 아름다움에 연마되고 젖어있는 시들은 그만큼 인간적인 그의 본성이 맑고 깨끗하고 순수하다는 의미가 무엇보다 클 것이다. 자연적 또는 낭만적 경향에 접근은 보지 못했다 하더라도 다다이즘적 경향을 털어내려는 노력 역시 그의 진취적 접근법이 스며든 결과라 보고 싶다.

해드니 물안개 산을 넘고
백로 몇 마리 너울너울
산허리를 감네그려
오소, 와서
보는 대로 다 가져가소

—「낚대 놓고」 일부

이처럼 자연은 늘 그의 곁에서 노래하고 있음을 도처에서 볼 수가 있다.

누구나 세월이 아쉽기는 마찬가지다. 자신이 늙어감을, 저물어 가는 스스로의 인생을 뒤돌아보면서 유유자적 노래할 뿐이지 이태백처럼 달을 읊조리고 두보처럼 낚시를 드리우고 시간을 낚을 뿐 살망하거나 우울해한다거나 침묵 속에서 사는 사람이, 그는 아닐 것이다.

바람
구름
달이
다 있지요
전화 한 통이면 우루루 둘러앉는
어릴 적 친구들이 있지요
거기에 예전 얘기 한두 가지면
웃음이야 절로겠지요

—「귀거래사歸去來辭」 일부

원숙한 나이에 고향으로 돌아가 자연을 천착하고 삶을 돌아보는 맑은 눈이 부럽다.

무슨 말이 더 필요하랴. 나물 먹고 물 마시는 인생, 그러한 철학적이고 달관적인 자세를 나도 배워야겠다. 나처럼 성질은 급할지라도 조급함이 없는 그의 침착성을 나는 높이 사고 있었다. 김수영의 시 세계는 '시 속에서 발견되는 모든 외연外延(표시적 의미)과 내포內包(함축적 의미)를 알맞게 유기적으로 조직한 총체總體'라고 주장한 테아트(Allen Tate)의 시론을 제5시집에 감히 올려주고 싶다.

『바위는 사랑하지 않는다』는 시인의 다섯 번째 시집이다. 사랑, 죽음, 자연 등 여러 주제들을 천착하고 있지만 그 중 눈에 띄는 것은 '자전거 일상'이다. 사는 것은 전부 드라마란 전제에서 보면 '인생은 길에서 얻는다'는 정의가 가능할 듯하다.

할멈, 나 가요.

동해안 7번 국도를.

땀 흘리며 내달리는 모습이 유쾌하고 웃음이 난다. 누구나 사람을 좋아하는 것은 흉이 아니다. 여기서는 그런 차원이 아니니까 즐거운 일상으로 순화된다. 그의 화법은 심각하지 않아서 부담스럽지 않다.

2019년 3월이 저무는 날에.

문학세계대표작가선 894

바위는 사랑하지 않는다

金 숲(수영) 제5시집

인쇄 1판 1쇄 2019년 8월 23일
발행 1판 1쇄 2019년 8월 30일

지 은 이 : 金 숲(수영)
펴 낸 이 : 김천우
펴 낸 곳 : 도서출판 천우
등 록 : 1992. 2. 15. 제1-1307호
주 소 : 서울시 성동구 무학봉28길 6 금용빌딩 2F
전 화 : 02)2298-7661
팩 스 : 02)2298-7665
http://moonhak.wla.or.kr
E-mail : chunwo@hanmail.net

값 10,000원

ISBN 978-89-7954-776-4

이 도서의 국립중앙도서관 출판예정도서목록(CIP)은 서지정보유통지원시스템 홈페이지(http://seoji.nl.go.kr)와 국가자료공동목록시스템(http://www.nl.go.kr/kolisnet)에서 이용하실 수 있습니다. (CIP제어번호: CIP2019032624)